水戸の碑文シリーズ　1

栗田寛博士と『継往開来』の碑文

照沼好文　著

水戸史学会

錦正社

栗田寛博士

『継往開来』碑文（拓本）

序にかへて

これまでに栗田寛博士の学問研究をとほして、私は博士の学風の一端に触れることができた。そして、それらの研究をとほして、さらに博士の日常における所謂学究的な生活面を瞥見してみると、非常に厳粛なものが、私たちの身近に伝はつてくる。例へば、明治二十二年四月、元老院を罷めて帰郷し、彰考館において国郡志の編纂に従事してゐた頃、飯田武郷に宛てた栗田博士の書簡（明治二十二年六月十二日付、飯田幸郷氏蔵）に、つぎのやうな一節が伺へる。

> 芳翰拝誦仕候。如貴諭昨今、時候も整候様ニ御座候、尊堂御一同愈御清寧奉敬賀候、帰県前ハ御丁寧ニ御尋問被下難有御座候、迂生帰宅早速、日本史地理編纂の方に取り懸り、彼此と採集いたし居申候、中々容易の事業には無之候、未だ一日も何れへも相出不申、日々宅にて取調相在候ニ御座候、世間紛塵の事に応酬等いたし候ハ、いやに相成候故とて、文籍にのミ一意読耽り申候、御一笑可被下候（中略）

このやうに、博士宿題の志類編纂の完成に向つて、日常の生活は学問研究に沈潜する日が多かつたといふ。

しかし、かうした沈潜の日々が続いたにもかかはらず、栗田博士の念頭には、つねに国家の前途に対する憂慮があつた。例へば、さきの飯田武郷宛書簡の直ぐあとに、つぎのやうな一節が見られる。

○御眼疾御快気の趣、大ニ安神、為斯道可賀事ニ候、小杉氏(榲邨)、帝国博物館へ出られ候事、至極得意可有之と相察し申候、古物宝物の保存もあしきニハあらねど、その保存より今少し大なる大和魂の保存する様、有為の大学ニても開き候様いたし度ものと存候へども、其人々の気候(気性カ)、先ヅ古物宝物ぐらゐニ止り候と見え候、今一層高め候ハヾ、宜しからむと存候へども、是亦可言不可行者と、あきらめ申候、(下略)

右の書簡中の小杉榲邨《こすぎすぎむら》は、栗田博士の門弟阿部愿が東京大学古典講習料に入学した時の保証人であつたが、明治二十二年六月に、小杉榲邨は帝室博物館歴史部美術部傭、翌年三月技手、全国宝物取調局書記兼鑑査係を命ぜられてゐたので、栗田博士の書簡と符節してゐる。ともあれ、国家がいま、「古物宝物の保存」を考へることよりも、それ以上に大切なことは、西欧化に侵されつつある「大和魂の保存」を考へる方が急務である。そのためには、有為な人材を育成する大学設置等の教育に力を注ぐべきであることを、博士は強調してゐる。

また、つぎの一節には、栗田博士の学問観が端的に窺はれる。

扨、既に大義名分と云ふことを述べて置いたが、大義名分の大略と云ふものは、君父を尊敬し、内外の分、尊卑の義を明らかにすることである。これを明らかにする事を、之を学問と云ふが、それは、今日の所謂学問と云ふものでなく、先づ自分の国のことを能く心得て、夫れから外国の事に及んで、我が国の助けをする所の学問である。学問も自国の事を差し置いて、外国のことを専らにすると云ふ学問であつてはいけない。道義倫理を本としてそれら自国の風俗、或は習慣、これを精しく知ることが、学問の意味である。（水戸の「引道学会」の席上での講演記録。）

このやうに、博士は「学問の意味」を説いてゐるが、現代の私たちが見失つてゐるもの、また私たちがいま取り戻さなければならない自覚を、博士は暗示してゐる。まさに、それは私たちの自戒の言葉である。また、この小冊子を刊行する所以もここにある。

照沼好文

平成十三年十二月一日
皇孫殿下ご生誕を祝して

水戸の碑文シリーズ1

栗田寛博士と『継往開来』の碑文＊目次

一・栗田寛博士の生涯

水戸の生んだ明治の碩学《せきがく》、文学博士栗田寛《くりたひろし》は天保六年（一八三五）九月十四日、水戸下町六丁目に彦六雅文《ひころくまさふみ》の三男として出生。諱《いみな》は寛、字《あざな》は叔栗《しゆくりつ》。幼名は八十吉《やそきち》のち利三郎《りさぶらう》といい、栗里《りつり》また蕉窓《せうそう》、銀巷《ぎんかう》と号した。明治三十二年（一八九九）一月二十五日、嗣子勤《いそし》に後事を托《たく》して帰幽《きいう》。享年六五。水戸市六反田の六地蔵寺境内には内藤耻叟《ちそう》撰文、徳川慶喜《よしのぶ》の題字「継往開来《けいわうかいらい》」の文字を刻んだ墓碑がある（口絵参照）。

父雅文は搾油《さくゆ》と米穀《べいこく》商を営《いとな》んだが、家業のかたはら、古学、歌詠を好み、母升子《ますこ》も読書を好んだ。彼の少年期の水戸は九代藩主斉昭《なりあき》、その麾下《きか》に藤田東湖《ふじたとうこ》、会沢正志《あいざはせいし》斎《さい》、豊田天功《とよだてんかう》らを筆頭《ひつとう》に、すぐれた人材が多かつた。当時の水戸は、尊攘論《そんじやうろん》をもつて天下に先行し、世論も水戸を中心に回転《くわいてん》した感がある。彼は直接、東湖や正志斎にも薫陶《くんたう》をうけたが、嘉永四年一七歳のとき、彰考館総裁豊田天功に会ひ、総裁の激励をうけた。彼はおほいに古典を講究《かうきう》して、国史の欠失《けつしつ》を補《おぎな》ひ、その生涯を史業《しげふ》に専念《せんねん》することを誓つた。安政四年二四歳のとき豊田総裁の推薦《すゐせん》によつて史館に出仕。このとき徳川光圀《みつくに》以来の宿願《しゆくぐわん》であつた大日本史編さん事業のうち、もつとも困難な志類表編さんの完成を、彼は総裁から嘱《しよく》された。以来彼の「修志の念は、一日も其の胸中を離れ」なかつた。当時、藩内は政治上の意見が二派にわかれ世情激動《せじようげきどう》、彼は尊攘派を擁護《ようご》したが、つねに館務と著述《ちよじゆつ》に余念《よねん》なく、兵火から史館をまもった。

やがて維新開明の世となるや、明治四年の廃藩置県により史館の廃止、館庫中の書籍の移転、かつ修史事業の中止などの風説がながれた。このとき彼は至願《しぐわん》の志類編さん事業の継続を主張し、史館、蔵書の保存に奔走《ほんそう》した。その結果、翌五年史館は偕楽園の東南隅の地に移転した。このころ栗田らを中心に水戸の有志間に、光圀、斉昭の義烈二公をまつる神社創建の気運が起こつた。彼はさつそく神社創建の建白書《けんぱくしよ》を起草して政府に請願《せいぐわん》した。紆余曲折《うよきよくせつ》はあつたが、彼らの熱望によつて常磐神社《ときはじんじや》の社号が許可され、明治七年（一八七四）五月十二日、偕楽園の東側に社殿を建て、二公をまつつた。

これより先明治六年十二月彼は教部省《けうぶしやう》に出仕、考証掛《かうしようがかり》に勤務。とくに同省では全国の古い神社の祭神、所在地などを調査考証して、『特選神名牒《とくせんしんみやうてふ》』一三巻を編さんした。そのなかには衰替廃絶《すゐたいはいぜつ》の危機にある古社、祭儀を考証し、その復興に尽力した例は多い。『神祇志料《じんぎしれう》』（明治四年脱稿）に続いて、『特選神名牒』の完成は、後年の『神祇志』編さんに有益であつた。しかし教部省は明治十年に廃止、彼は修史館に出仕したが、翌十一年には伯兄、母堂の死去のため、職を辞して帰郷した。

すでに明治初年ごろから、栗田は家塾輔仁楼《かじゆくほじんろう》で後進の指導に当たつていたが、明治十三年（一八八〇）には上市大坂町に移り、修志のかたはら、子弟教育のため家塾輔仁学舎《がくしや》を開設した。この学舎の運営は、明治四年起草し学制試案として作成した『学《がく》規稿《きかう》』の展開であつた。学舎の諸規則のなかで、彼はとくに弘道館教育の伝統をうけつぎ、皇学を根幹《こんかん》として漢学や洋学を学ぶことを説き、それを実践《じつせん》した。のちに元老院、文科大学に勤務のため在京したときも家塾教育を続け、彼の門下から清水正健《しみづまさたけ》、菊池謙二郎《きくちけんじらう》、三浦周行《みうらひろゆき》、塩沢昌貞《しおざはまささだ》ら、有為《いうい》な人材を多く輩出した。

維新以来の文明開化による西欧化への反省から、明治二十三年（一八九〇）教育勅語が発布された。これに先立ち水戸にあつて『国郡志』編さん中の栗田は、侍講元田《もとだ》永孚《えいふ》の要請で『神聖宝訓広義《しんせいはうくんくわうぎ》』一巻を執筆《しつぴつ》して、参考に供《きよう》した。勅語発布ののち、彼は「深く感ずる所」があつて『勅語述義』を執筆、また渡辺正順や亀井善述らの有志とともに、弘道学会を発足し、毎月一回の例会を弘道館で開いた。同会では勅語を講義し、同時に水戸の学問の普及教化につとめた。この講義筆記が『勅語講義』である。その後『天朝正学《てんてうせいがく》』、『古語拾遺講義《こごしふゐかうぎ》』（一名『稜威男健《みいつのをたけび》』）を著《あら》はし、彼の水戸史学者としての気概《きがい》と志操《しさう》を述《の》べてあますところがなかつた。明治二十五年十月、栗田は文科大学に招聘《せうへい》され、翌二十六年文部大臣官房図書館兼務と同時に、文科大学の国史学科の教授に就任、國學院にも出講した。この年文部大臣井上毅《こはし》の内命により、重野安繹《しげのやすつぐ》、久米邦武《くめくにたけ》らの去つたあとの修史館再興に参画《さんくわく》、水戸の学問思想を基盤《きばん》にした修史事業構想案《かうさうあん》を建白した。彼は神祇、国郡の二志をあらたに編さんし、氏族《しぞく》、食貨《しよくか》、礼楽《れいがく》の三志を大補強、その他の志類も大部分を校正し、また五表の完成もみた。彼の業績はこれだけではなく、国史、古典の研究でも、八五部をこえる大部《たいぶ》の著作を残した。かつて、清水正健は恩師栗田の生涯をかう集約した。「先生の進退は日本史の志類と相終始《あひしゆうし》し、先生の学術は志類の編修と相伴《あひともな》へり」と。じつに「鞠躬尽力《きくきうじんりよく》、死して後《のち》已《や》む」（一所懸命に修志のため心と力を尽くし、死ぬまで勤めてやまなかつたという意）の生涯であつた。

二 『継往開来』の碑文

(一) 碑文の位置と環境

栗田寛博士の墓誌『継往開来』の碑は、水戸市から大洗に通ずる国道五一号線に沿つた水戸市六反田（旧東茨城郡常澄村六反田）の六地蔵寺（六蔵寺）境内に建つてゐる。同寺境内にはまた、樹齢千年余を超える大杉や、八百年余を超える大銀杏、義公ゆかりの枝垂れ桜など、古い歴史を物語る景観がある。それと同時に、そこにはさきの『継往開来』の碑のほかにも、立原翠軒の父蘭渓の墓地、栗田博士撰文の『栗田彦六雅文墓表』などがあり、また平泉澄博士撰文の当六地蔵寺中興の祖恵範上人に関する顕彰碑なども拝見することができる。

さて、これから栗田博士の墓誌『継往開来』の碑をめぐつて、この建碑の経緯と建碑に関係した水戸の先人たちの足跡を、聊か振り返つてみたいと思つてゐる。

栗田博士の墓誌『継往開来』の碑は六地蔵寺の本堂東、地蔵堂の北側の欝蒼とした杉の樹間に建つてゐる。この碑石には仙台石が使はれ、高さ約一間半、巾七、八尺余を超す巨石が用ゐられてゐる。碑石の正面には、徳川慶喜公が揮毫した『継往開来』の題字と本文約千三百五十二文字から成る「前文科大学教授従六位内藤正直撰文」が刻まれ、(註1)仰ぎ見る碑面は既に苔むして荘厳な感じさへ与へる。

ところで、この『継往開来』の碑文建設の経緯については、つぎの内藤翁の撰文の一節に、明らかに述べられてゐるので、注目しておきたい。

君卒する明年、嗣子勤余に墓上の文を為《つく》らんことを謁《こ》ふ。余の君における。その交り尤も親し、義辞すべからず。乃ち議論行事の略を叙し、以てその万一を述ぶ。会々前《さき》の征夷大将軍徳川公、君の学業国家に益することを嘉《よみ》し、親ら継往開来の四字を書して之を賜ふ。勤等感泣の餘《あまり》、勒《ろく》して碑額と為し、又銘を繫げて曰く

云云。（原漢文）

また、同碑には「明治三十六年一月二十五日」の日付が彫刻されてゐるが、当日は栗田博士没後四年目の忌辰に当り、当碑竣工の時期を伝へるものである。内藤耻叟翁の撰文末尾には、

兄　亀井　直書丹
男　　勤立石
　　矢須郁次郎鐫

と刻まれてゐる。すなはち、内藤翁撰ぶところの碑文を栗田博士の仲兄亀井直翁が揮毫し、嗣子勤が中心となつて当碑の建設事業を推進した経緯を、これは物語つてゐる。

言ふまでもなく、六地蔵寺は栗田家の先塋の地である。『継往開来』の碑から、数十米を離れた場所には栗田家累代の墓標が立ち並び、その中には栗田博士撰文の「栗田彦六雅文墓誌」を刻んだ博士の嚴父雅文翁の墓標も建つてゐる。この墓標には「明

治二十七年夏六月廿三日」の日付があり、これは博士が嚴父のために、この「墓誌」を起草した日付である。因みに、この時博士は六十歳であつた。

㈡ 碑文の起草者内藤耻叟翁

さて、つぎに栗田博士の墓誌『継往開来』の碑文を起草した内藤耻叟翁について述べてみたい。耻叟翁が、日頃親しかつた栗田寛博士の碑文を草したのは、その晩年である。同碑文中に、耻叟翁は「君卒する明年、嗣子勤余に墓上の文を為《つく》らんことを謁《こ》ふ」（原漢文）と述べてゐるので、栗田博士逝去の翌明治三十三（一九〇〇）年、耻叟翁七十四歳の折、博士の嗣子勤氏の依頼によつて起草したことがわかる。

耻叟翁の経歴は清水正健の『水戸文籍考』に拠れば、「諱は正直、字は大道、彌太郎と稱し耻叟と改め、碧海と号す。会沢正志斎の門人なり。安政二年進仕、慶応元年、弘道館教頭と為る。後朝廷に仕へ、明治三十六年没す。年七十七。」と伝へ、耻叟翁の著述として、『徳川十五代史』ほか十三編を挙げてゐる。高須芳次郎博士の『水戸学徒列伝』（誠文堂新光社、昭和十六年四月二十日刊。）には、「学を会沢正志・藤田東湖・国友善庵について修め、文政二年水戸藩に仕へた。…慶応元年、弘道館教授教頭となり、二年、家老鈴木石見守と争ひ、獄に下つた。彼れは明治元年出獄、山形県小参事となり、後東京帝国大学、陸軍士官学校に教鞭を執る傍ら、常に著述に従事し、恩師の学説を祖述する上に熱心だつた」（一八九―九〇頁）と述べてゐる。

　ところで、さらにこれらの耻叟翁の経歴を敷衍して、その人間像にアプローチしてみよう。

　耻叟翁は文政十（一八二七）年十一月五日（高須博士は耻叟の生年月日を「文政八年」としてゐるが、『國學者伝記集成』続編に「文政十年十一月五日とあり、いまこれに従ふ。なほ、没年から逆算して「文政十年」になる。）、水戸南町の美濃部又三郎の二男として誕生、明治三十六（一九〇三）年六月七日、東京小石川で没した。享年七十七。耻叟翁はもと美濃部氏に生まれ、のち同藩の水戸家世臣内藤氏を嗣ぎ、弘化三（一八四六）年（二十歳）、百五十石の家禄を襲ひ、小十人組に付けられたが、安政三（一八五六）年（三十歳）に讒によつて失脚、慎隠居を命ぜられた。この時から号を「耻叟」と称したといふ（大内地山編『常総古今の学と術と人』二六九頁。）。なほ、「碧海」の号は三河武士の故郷に因んで称した。元治元（一八六四）年（三十八歳）九月、内乱討伐のために召し出され、右筆頭取（先手物頭格）に起用された。元治二年（三十九歳）には、御用取調役（持弓頭列）兼弘道館教授頭に就任した。しかし、内紛のため、慶応二（一八六五）年（四十歳）には再度失脚、下獄に処せられてゐる。明治元（一八六八）年（四十二歳）三月に出獄、蟄居を命ぜられたが、遂に五月には脱藩してゐる。これより東北、北関東を転々として歳月を経たやうであるが、明治三年（四十四歳）には山形県庁に就職してゐたらしいが不詳である。この間の事情を加藤櫻老は『大学日記』明治二年十一月四日の条に、つぎのやうに述べてゐる。

> 内藤彌太郎是は姦家なりと云はれたれども、実は正家の為に大に尽力、却て姦家の為に幽閉せられて、去年初て開明の折節、武田党罪刑の沙汰に及ぶ故、再脱走。不知所在。

耻叟翁が中央において活躍しはじめ、栗田博士、久米幹文、小杉榲邨らの大八洲学会設立に参画し、かつ雑誌などに寄稿しはじめたのは、明治十七、八年ごろからである。かくて、明治十七年（五十八歳）二月七日東京大学講師、十九年（六十歳）三月に同文科大学教授となり、経学、日本歴史、支那歴史、支那哲学、漢文学、和漢古代法制の諸講座を担当、二十四年（六十五歳）三月三一日非職に至つてゐる。（『東京帝国大学五十年史』上、『東京帝国大学学術大観』文学部篇。）。また、國學院大學では、二十三年（六十四歳）一一月二二日同大学の開学以来、道義、漢文講師として教へてゐる。耻叟翁の主要著書には、『安政記事』『江戸文教志』『徳川十五代史』『徳川制度考』『徳川氏施政大意』『徳川氏貨幣制度』『國體發揮』『勅語解釋』『日本兵士』『明道論』『帝王經世圖解』『近世名家父叢』『碧海漫鈔』『標註折焚柴記』『徳川實紀校訂標書』等がある。

耻叟翁について、『明治事物起原』中に、つぎのやうな記録がある。

内藤耻叟は、水戸藩士にて、自ら藩學の風に厚く、明治十九年、大學の教授たりしが、毫しも西学を容るゝ量無し、…其の死に至るまで、欧米国人を『西洋人』と言ひしことなく、公開の演説にても、必ず『西洋の夷人ばら』といふを常とし、著者も之を聴きしごとあり。…

（『明治文化全集』別巻、三三一頁。）

このやうに、『明治事物起源』の著書石井研堂は耻叟翁の西洋嫌ひについて記してゐる。だが、耻叟翁の長男誠は、日本における洋画壇の先駆者高橋由一の高弟であり、明治の洋画壇で大いに活躍してゐる。

会長内藤誠について『芸術叢誌』第二十五号（明治十一年十二月七日）から引いておく。

「小石川内藤耻叟氏の長男誠子は、高橋由一君の門下第一等にて、現に師家の助教たるが、殊に写像に妙を得て一たび其揮毫《ふで》を得しものは、皆その能に服すといへり。氏は幼稚《こども》の時より面図《え》に志篤く、常に鏡に対して自己《おのれ》の容貌《かたち》の真を写さんとして、屢々鏡面《かがみ》に筆を弄せしとぞ。…高橋君の話。」

—青木茂編『高橋由一油画史料』（中央公論美術出版、昭和五九年三月二五日）二八二頁。—

ともかく、耻叟翁の長男誠は洋画壇の先駆者高橋由一の高弟として活躍してゐたことを思ふと、耻叟翁の西洋嫌ひは盲目的な感情からのものではなかつたと思ふ。

耻叟翁は年齢的に、栗田博士の先輩であつたが、殊に博士とは生涯親しい交際が続いた。栗田博士の『大日本史』志類編纂のためにも、「当時内藤耻叟も、亦屢々《しばしば》栗田を訪ひ、稿本を閲覧して時に切磋の益ありと云ふ」（『水藩修史事略』明治三十年七月一日の条。）とあり、耻叟翁は種々助言したらしく、また栗田博士の著述には耻叟翁の序文、跋文などが多く見られる。

他方、栗田博士も耻叟翁の学問とその能力等について十分理解してゐた。例へば、栗田博士は明治二十六（一八九三）年修史館再興構想案の中で、修史館の「編修掛」に「採用スベキ人名ヲ」試案として挙げてゐる。それには、久米幹文、小中村義象、落合直文、萩野由之、増田于信、松本愛重、宮地厳夫、深江遠廣、小宮山綏介、そして内藤耻叟等、一〇名の氏名が窺はれる。とくに耻叟翁について、つぎのやうな記事が付記されてゐる。

恥叟ハモト大学教授故、之ヲ旧ニ復シ、編修ヲ兼ネシムル方、可然カ。徳川時代ノコトニ委シキモノ、此二人（綏介・恥叟ヲ指ス）ニ匹スルモノナシ、唯同縣人故、私共ヨリ申出ルモイカヾナレド、嫌ヲ避ルニ暇アラズ、アリノマヽ申出ル也、御採用モアラバ少壮ノモノヨリ、御優待アリタシ、

（國學院大學図書館所蔵「梧陰文庫」B-3112 明治二十六年三月二十七日付、栗田寛→井上毅書簡）

このやうに見てくると、栗田博士と恥叟翁との交友関係が一層深く理解できるが、恥叟翁自身は、栗田博士の墓誌『継往開来』の碑文中に、「余の君に於ける、その交り尤も親し、義辞すべからず」と叙べてゐるので、両者の交友の模様を容易に推測することができる。かくて、恥叟翁こそ栗田博士の墓誌を起草するに最もふさはしい人物であつたと言つても過言ではない。

(三) 亀井直翁の絶筆

『継往開来』の碑における耻叟翁の撰文を揮毫した亀井直は、栗田博士の仲兄であった。栗田博士の兄弟は伯兄恭徳、仲兄直、季弟貞幹の男子四人であった。『栗里先生略年譜』には、「先生兄弟四人あり。伯は元吉君、恭徳。宗家を嗣げり。仲は享二郎君、直、出て茨城郡笠間亀井氏を嗣ぐ。季は貞四郎曩に没せり」とある。栗田博士自身は天保六（一八三五）年九月十四日、雅文翁の第三子として出生してゐる。門弟信夫美貴に宛てた博士の書簡（明治二十三年十一月十一日付。）の一節にも、

吾輩ハ、もと一家の余児と生れ候。第三子候故、自由に出来候事故、いさゝか斗り学事に従ひ候間、糊口の道を立申候。

と記してゐる。なほ、季の貞四郎については、その墓碑に「雅文第四子天保辛丑十二月二日生／元治元季七月十四日没　享年二十四歳」と刻まれてゐる。

とくに、仲兄直については『栗田氏略系』（栗田家蔵）に、

享次郎(二カ)、母中村氏。笠間人亀井時行君ノ養子トナリ、其ノ氏ヲ冒ス。尤モ書法ニ通ジ、遠近書ヲ乞フ者、常ニ門ニ市セリ。明治三十七年六月一日没。年七十九。

と。耻叟翁の没した翌年、直翁もこの世を去つてゐる。直翁は栗田家より亀井氏の養子となり、有斐と号し、とくに書には天賦の才能が見られる。六地蔵寺境内の栗田博士撰文の『栗田彦六雅文墓表』は直翁の揮毫した文字であるが、博士はその文中「仲(直)兄書ヲ善ス、尤モ八分《はつぷん》ニ長ジ、名聲遠近ニ譟《さはが》シ」と記してゐる。斎藤桜波編『増補水戸志士と名家集』には「草楷篆隷皆巧なるも殊に隷書に長ず」(三三頁)とあるので、水戸の名筆家として令名が高かつた。とくに、『継往開来』の碑文は直翁晩年の筆蹟であり、直翁の絶筆といつても過言ではない。事実、直翁はこの碑文を揮毫し終つてのち、再び筆を執ることがなかつたといふ(栗田健男翁の直話)。

偶々、私はこれにまつはる逸話を、栗田博士の孫健男翁から承つたが、その後、幸ひにも健男翁からの端書(昭和五十年八月三日付)に、詳しくこの話が記されてゐたので、つぎに紹介して置かう。

〔内藤耻叟撰文の墓誌を〕亀井有斐先生が始め清書したもののうち、四、五字がわるいとか、細目だといふので、それを書き直して貰ふつもりだつたが、有斐先生は実弟の碑であり、力を入れたのでせう、四、五字を書き直すだけでなく、墓誌全部を書き直してしまつたのです。ですから、今の碑文は有斐先生が二度目に清書したものです。そのため、有斐先生自身随分精魂を尽したものと見え、それ以後字が書けなくなりました。書痙と云ふのださうです。二、三年してやつと手紙位は震へる字で書ける様になりましたが、以前のやうではありませんでした。有斐先生にとつてみれば、栗里先生の墓誌は、まあ絶筆ですね。

それから、この碑は仙台石を使つてゐます。この仙台石は私の母の弟、小澤清氏（日露戦争中、戦地で病死してゐます）が宰領で、仙台から運び込んだものです。また、この石を六地蔵寺の墓地と地蔵堂の間に置いて、電灯一つをぶら下げて、太田の矢須郁次郎といふ石匠が、寺の近くの街道の北側にあつた茶屋の座敷に下宿して（今はない）、約半年かかつて完成させたものです。石屋の曰く、「こんな大碑石は将来とも出来ないと思ふので、是非私の名をどこかに入れさせてほしい」と言ふので、碑の左下の方に「矢須郁次郎鐫」と入れてあります。（「」内の文字は筆者が補足した。）

以上は栗田博士の墓誌『継往開来』の碑建立に関する健男翁の直話である。とくに、この碑文が二度直翁によつて清書されたことは驚異である。また、石匠矢須氏が精魂を傾け、全力を投入して完成したこと等々、故人がいかにこの『継往開来』の建碑事業に精魂を傾け、栗田博士の業績を顕彰しようとしてゐたかを知るとき、改めて深い感動を禁じ得ない。

なほ、直翁には明治二十五年、栗田博士が文科大学教授に就任した折、それを祝して詠んだ漢詩一篇があるので、左に掲げてみよう。

迂生《ノ》性癖好《ミ》二臨池《ヲ》一　日々揮毫自《ラ》又奇《ナリ》　栗里著《ハシ》レ書《ヲ》耽《リ》二古典《ニ》一　有斐学《ビ》レ字《ヲ》擬《ス》二唐
碑《ヲ》一　門生供《ヘテ》レ酒《ヲ》　馨《ことごく》歓喜《シ》　朋友賦《シテ》レ詩《ヲ》　呈《ス》二祝辞《ヲ》一　三《タビ》　蒙《ムリ》二寵榮《ヲ》一　何《ゾ》優渥《ナル》　双親
若《もシ》レ在《あラバ》　慰《メンヲ》二　相《ヒ》思《ヒテ》一

聴《キ》㆔弟栗里拝命《シテ》任《ゼラルルヲ》㆓文科大学教授《ニ》㆒賦《シテ》㆓一律《ヲ》㆒寄（反点、送り仮名筆者）

（『常陽新誌』第一〇三号・明治二七年一一月二五日刊）

㈣　栗田勤翁の建碑

当時、『継往開来』の建碑事業の推進力となつて活動したのは、栗田博士の嗣子勤翁であつたことは言ふまでもない。

勤翁の経歴を見ると、「名は勤、晦屋と号す。栗田寛の養嗣子なり。父の学を受け、彰考館に入り修史に従事すること二十四年（『水藩修史事略』「二十二年」ニ作ル）。修史完成及社会教育功労として勲六等に叙せられ、本県（茨城県）史蹟名勝天然記念物調査に従事し功績あり、又詩文を能くし著書あり。昭和五年没し、年七十四」（斎藤桜波編『増補水戸志士と名家集』六〇頁。）とある。さらに、吉田一徳博士の『大日本史紀伝志表撰考』に拠れば、勤翁は栗田博士の兄亀井直の三男に生まれ、のち栗田博士の養子となつてゐる。諱は勤、晦屋と号し、勤三と称した。家学をうけて和漢の学に通じ、史館に入つて栗田博士のあとを継ぎ、最後の編修主任として『大日本史』志類修撰に預かること二十四年。晩年は茨城県嘱託となつて県下の史蹟文化財の調査に当り、昭和五（一九三〇）年十月十五日没した。享年七十四であつた。著書には明治十八（一八八五）年刊の『新刻日本史略』三巻、『水藩修史事略』『弘道館記述義詳解』『水戸学本義』各一冊があるが、概ね先考の説を祖述したところが多い（五四一―五四二頁。）。

ともあれ、勤翁の最大の業績は栗田博士のあとを継ぎ、最後の彰考館編修主任として志表を完備して、義公以来の修史事業に終止符を打つたことに尽きるであらう。

勤翁自身の語るところに拠れば、

> 勤ハ不肖ヲ以テ（彰考館ニ入リ前後二十余年）其職ヲ奉ジ、栗里先考卒去後（明治三十二年一月廿五日）後ハ八年間、専ラ其職務ヲ擔當シ編纂校訂ノ上、三十九年十二月ヲ以テ大日本史志表悉ク上木完成セリ。其事ハ拙著水藩修史事略ニ詳カナリ。（栗田家蔵、栗田勤自筆稿本『栗田氏略系』）

とある。
因みに、『水藩修史事略』の明治三十九（一九〇六）年十二月二十六日の条に、
今公（圀順公）、手塚家令を随へ、常磐神社に詣で、志表悉く完備せることを奉告し、訖つ

て彰考館に臨み、栗田勤、北條時雨、奥谷芳辰等に、金品を賜ふ…。直ちに勤等三人の職を解き、（勤始めて史館に入りしより是に至つて二十二年）今日以後史局を閉鎖し、奥谷一人を留めて、更に管庫と為す。…

この日別に家扶福原修をして、新刻の三表と共に、大日本史記傳志表、全部三百九十七巻、并目録五巻、計四百二巻を、四函に納め、表を具して、之れを天闇に捧呈せしむ。

と記録するところであるが、明治三十八（一九〇五）年十二月二十四日付、勤翁より郡司千次郎宛の端書中にも、当時の模様が記されてゐる。

拝啓　寒冷甚しく相成候処、愈御清康奉賀候。扨、日本史編進献も両三日の中ニ済まさせられ、来廿六日常磐神社へ御告げの御親祭有之、同日一番上野発ニて御来水被遊候事ニ相成候。就ハ老兄にも多年御尽力の事故、同日御旅館へ小生御同伴御拝謁の事ニ可致旨、家令よりも申越され候間、御差合も無之候ハヾ、御着車の頃迄ニ柵町停車場へ御迎への事ニ仕度候。…十二月廿四日朝

（郡司彝倫氏蔵）

なほ、同日付の郡司千次郎宛、奥谷芳辰（当時、彰考館々員）端書にも、

拝啓　其後は御無音仕候。扨而日本史御成功ニ付、本月廿六日ニ公爵様御下り当日、御告祭有之候。依テ寺門君始メ郡司様、大内君御三人、芝田屋御旅館ヘ御召シニ相成候間、本日ハ御出頭相成候様、御通知申上候。尤も栗田（勤）先生より御通知ハ有之候事とハ存候得共、念之為め野生より更ニ申上候。謹言　（右同）

と、修史事業成功の様子を伝へてゐる。さらに、勤翁は『大日本史』完結の盛事を、六地蔵寺境内の栗田博士の墓前に報告して、その感激を伝へようとしてゐる。明治四十年一月十一日付、郡司千次郎宛栗田勤端書には、

拝復　秋冷相催候。其後御病痾如何。逐々気候の定り候につれ、御快然の御事と相察居申候。（中略）先以て御気永に御油断なく御保養、大日本史二百年の大結末を

告げ、御名誉なる盛事ニ御遭遇なされ候様ニ不堪渇望奉存候。先ハ右取急ぎ貴答申上候。実ハ先人墓前へ只今代使を以て、史料進献済みの御告げを小梅邸より被命、祭粢料も賜ハリ只今より使者に随伴して六反田へ出かけにつき、別ニ執筆委細ハ其内参上、万端相伺候積りニ御座候。あら〳〵

一月十一日　朝　　　　　　勤

郡司老兄　侍史

と述べてゐる。このやうに、勤翁は先考の遺志を継いで、水藩修史事業の終焉を飾つた業績は大きい。つぎに、勤翁の雅号「晦屋」の出典について、勤翁自身が述べた興味ある一文があるので、これを紹介して置きたい。

私の晦屋《くわいをく》と号するのは、どういふわけだと、よく人から尋ねられる事があります。私の号など、敢て詮議だてする必要もないが、今日君からも問はれたから大略申ておきませう。是れは別に深い意味のあるわけでもない。初めは自分の若い時、書斎とした一室が少し暗かつたので、戯れに晦屋などと書いたのであつたに過ぎないのです。

※

しかし、その出典はなかなかやかましい。易の明夷の卦の彖《たん》の辞に「晦を用ゐて而して明かなり」といふ語があり、古来幾多賢哲の士が幽暗の世に身を処して、よく難貞の徳を養ひ、終に其志しを天下後世に明かにされた例が、この語に照してよく分るのであります。明夷《めいい》は明夷《めいやぶ》るで外は暗く、内は明かなる意である。所謂君子の徳は闇然として、而して日に章《あきら》かに小人の徳は的然として、日に闇しの意であります故に、よい教訓であると思つたから、遂に修養上晦屋を自分の号と定めてしまつたのであります。然るに何の得る所もなく「嗚呼老た矣《り》」で、まことに慚愧に堪えません。先人「寛」が、栗里と称したのも、別に深意あるに非ず、晋の陶淵明の居所が栗里であつたのに因んで居るが、水戸では国事多端であつたので、或ひは嫌疑を避ける為に、友人間の書面の往復などには、往々秘密を守つて、匿名を用ゐられた。

※

先人は、通称を利三郎と云つたので、栗利の音を取りて、栗里と号したのが本で、とう〳〵雅号となつてしまつたのでせう。律（栗）また錦（西木）と云つた事もあります。他の友人よりも書簡にさう書かれたのがあります。（『晦屋』栗田翁夜話(22)）

以上、栗田寛博士の墓誌『継往開来』の碑文をめぐつて、その建碑の経緯に関係した水戸の先人たちの足跡を、不十分ながら振り返つてみた。これにはなほ多くの人びとが関係したと思はれるが、ここでは『継往開来』の碑建設に、最も近かつた人びとを挙げたに過ぎない。なほ、以下に、『継往開来』の碑文、その読み下し文、そして簡単な摘註を施して、参考に供したい。

註

（1）碑文は本文二四行、また一行は五八字乃至五九字から成る文字の配列である。但し、本文最後の二行は例外。闕字も一行の文字配列の中に含めた。

三　栗田寛博士の墓碑銘

(一) 碑　文

故文科大學教授從四位勲四等文學博士栗田君墓碑銘

前文科大學教授從六位内藤正直撰文

大哉我　神州肇國　寶祚與天壤無窮至隆冠絶宇内者蓋　祖宗立極垂訓之所致也稽之古史參之古禮歴々可徴是所以史之不可不修禮之不可不講也我栗里先生實以修史審禮自任畢生竭精於此古史因以明古禮因以存何其功之偉也君諱寛字叔栗通稱利三郎號栗里栗田氏其先信濃人諏訪神裔神氏之後云中遭亂離遷常陸茨城郡六段田村以農爲業五世祖勝

重元禄中轉居水戸城東祖諱惟肖考諱雅文妣中村氏君其第三子也以天保六年九月庚子生
幼而敏慧超倫年十三用意古典夙有復古之志乃著神器説年十七作詩述志有何日貫穿三千
歳補　神州典章之虧之句嘗慨然謂人曰吾邦人而不通古典何足以稱學者自是學業日進志
在修史以報　國時豊田天功爲修史總裁薦君入館年二十七作國造本紀考江戸黒川春村鈴
木重胤等極讚稱之君又有志修神祇志考究周悉著神祇志料慶應二年有所感著葬禮私考會
宮中晏駕君乃上之當路以供參稽古禮因行明治元年　藩公上意見論封建郡縣利害一用君
之議其經世之略可以見二年八月君上書於　藩公請刊大日本史志表以成　歴世未成之業
公乃委以校訂之事初國史紀傳既成志表未備　烈公憂之命天功修正之未竟而歿至是君專
任之拮据校讐四十年如一日十志五表皆完焉　公随成上之　朝廷所遺國郡志乃三表將相
踵上呈云先是藩廢君拜教部權大録修特撰神名牒十年一月遷修史館掌記亡何辭還十七年
再徴元老院考古制度期畢而罷二十三年　車駕幸水戸君上其神祇志料以備　御覽既而教
學大詔降矣君感激不已作勅語述義發揚其義初侍講元田永孚就君問教道之要君爲作神聖
寶訓廣義應之蓋資啓沃云二十五年復拜大學教授居職八年累進正五位一朝獲疾事聞授文
學博士陞高等官一等叙從四位勲四等賜瑞寶章尋卒實明治三十二年一月二十五日也享年

六十有五二十八日　勅使臨第賜賻即日護柩還郷三十一日葬於六段田先塋之側四方聞者莫不歎惜焉君娶小澤氏無子養兄龜井直子勤爲嗣君爲人溫雅厚重行儀端正言論不苟識見高邁學問淵博所著一百部五百餘卷皆明道經世之書也昔　義公深慨　皇室式微修國史緝禮典以寓興復之志欲將振起一世　烈公繼述大義未達而薨君深體其遺志加旃遭逢　昭代休明乃大發憤庶幾乎弘至道以賛　聖猷常謂　祖宗開地育民以肇造區夏立極垂訓固與萬國異矣故其論國體則必原　天祖之訓以建大順正名定分最戒僭越論政事則以尊　祖敬神爲重而厚風俗民心論道義則以忠孝爲極佐以仁義之教然後及開智明物之學苟有所長雖遠西異方之言肯不遐棄嘗曰學問之要在知建國大體苟不通之則政治學術皆失其本雖博渉内外旁通古今皆不足爲我用也抑神道即彝倫　帝訓即人極莫有二揆故其所論述必益世道裨治術而已治亂盛衰之故制度典章之詳委曲辨明娓娓數千言粲如示掌又曰尚古以來所祀神祇咸我　至尊及有功群臣即亦臣民之祖先也其德不可諠其恩不可不報故　歴朝秩祀以達民情以固國基是我　祀典之所以重非彼邪神姦鬼誣天欺人之類也嘗歎西教害　國體曰神州以忠孝建國彼則反之水火不啻其爲深患大禍豈佛老之比乎深憂遠慮率如此要在奉皇訓而敦教化原　國體而立治本也其少壯在郷閭國事多難君處其間公平不偏審君子小人

自有分辨是一藩之事已不必論列君卒之明年嗣子勤謁余爲墓上之文余於君其交尤親義不可辭乃叙議論行事之略以述其萬一會　前征夷大將軍徳川公嘉君之學業益于國家親書繼往開來四字賜之勤等感泣之餘勒而爲碑額又繋銘曰

神聖立極品物咸亨　皇運无疆時止時行　義公緝熙　烈公繼精敬神崇儒明倫正名繼往開來君實畢生發揚振發彌綸八紘

明治三十六年一月二十五日

兄　龜井直書丹
男　勤立石
矢須郁次郎鐫

(二) 読下し

故文科大學教授從四位勳四等文學博士栗田君墓碑銘

前文科大學教授従六位内藤正直撰文

大《おほい》なる哉、我が神州、国を肇むること、宝祚天壌と窮りなく、至隆宇内《しりううだい》に冠絶《くわんぜつ》するもの、蓋祖宗立極垂訓《けだしそそうりつきよくすゐくん》の致す所なり。これを古史《こし》に稽《かんが》へ、これを古礼《これい》に参するに、歴々として徴すべし。これを史の修めざる可からず、礼の講ぜざる可からざる所以なり。

我が栗里先生、実に修史審礼《しうししんれい》を以て、自ら任じ、畢生精《ひつせいこころ》を此に竭《つく》せり。古史因つて以て明かに、古礼因つて以て存せり。何ぞ其功の偉《ゐ》なるや。君諱《いみな》は寛《ひろし》、字《あざな》は叔栗《しゆくりつ》、通称《つうしよう》は利三郎《りさぶらう》、栗里《りつり》と号す。栗田氏その先《せん》は信濃の人、諏訪の神裔神氏《しんえいしんし》の後《あと》と云ふ。中ごろ乱離《らんり》に遭《あ》ひ、常陸の茨城郡六段田村に遷《うつ》り、農を以て業と為す。五世の祖勝重、元禄中水戸城東に転居せり。

祖《そ》諱は惟肖、考《かう》諱は雅文、妣《ひ》中村氏、君その第三子なり。天保六年九月庚子を以て生る。幼にして敏慧超倫《びんけいてうりん》、年十三、意を古典に用ゐ、夙《つと》に復古《ふくこ》の志あり。乃ち神器説《しんきせつ》を著はす。年十七、詩を作つて志を述ぶ。何《レノ》日《ニカ》貫《くわん》二穿《せんシ》三千歳《ヲ》一補《ハン》二神州典章《てんしやう》之虧《きヲ》一の句あり。
嘗て慨然《がいぜん》として、人に謂ひて曰く、吾が邦人にして、古典に通ぜずんば、何ぞ以て学者と称するに足らんと。これより学業日に進み、志《こころざし》、史を修めて以て国に報ずるにあり。時に豊田天功《とよたてんこう》、修史の総裁たり。君を薦めて館に入らしむ。年二十七、国造《こくぞう》本紀考《ほんきかう》を作る。江戸の黒川春村《くろかははるむら》、鈴木重胤《すずきしげたね》等、極めて之を讃称せり。君又神祇志《じんぎし》を修むるに志あり。考究周悉《かうきうしうしつ》、神祇志料《じんぎしれう》を著はす。慶應二年、感ずる所あり、葬礼私考《さうれいしかう》を著はす。会《たまた》ま宮車晏駕《きうしやあんが》、君乃ちこれを当路《たうろ》に上り、以て参稽《さんけい》に供す。古礼因つて行はる。

明治元年、藩公《はんこう》意見を上つて、封建郡県《ほうけんぐんけん》の利害を論ず。一に君の議を用ふ。その経世《けいせい》の略《りやく》、以て見るべし。二年八月、君書を藩公に上り、大日本史志表を刊し、以て歴世未成の業を成さんことを請ふ。公乃ち委するに校訂の事を以てす。初め国史紀伝既に成り、志表未だ備はらず。烈公これを憂ひ、天功に命じて、これを修正せしむ。未だ竟らずして歿す。ここに至つて君専らこれに任じ、拮据校讐《きつきよかうしう》、四十年一日の如く、十志五表皆完し、公成に随つてこれを朝廷に上る。遺《のこ》す所《ところ》国郡志、及び三表、将に相踵《つ》いで上呈せんと云ふ。これより先、藩廃す。君、教部《きようぶ》権大録に拝し、特撰神名牒を修む。十一年一月、修史館の掌記《しやうき》に遷《うつ》り、何《いくば》くもなくして辞し還《かへ》る。十七年、再び元老院《げんらうゐん》に徴されて、古制度を考ふ。期畢《をは》りて罷《や》む。二十三年、車駕《しやが》水戸に幸す。君その神祇志料《じんぎしれう》を上《たてまつ》つて、以て御覧《ぎよらん》に備ふ。既にして、教学《けうがく》の大詔《たいしよう》降れり。君感激已《や》まず、勅語述義《ちよくごじゆつぎ》を作りて、その義を発揚《はつやう》せり。初め、侍講元田永孚《じかうもとだえいふ》、君に就いて教道《けうだう》の要を問ふ。君為めに神聖宝訓広義《しんせいはうくんくわうぎ》を作つて之《これ》に応ず。蓋し啓沃《けいよく》に資すと云ふ。二十五年、復た大学教授を拝し、職に居ること八年、正五位に累進《るゐしん》せり。一朝疾を獲、事聞《きこ》ゆ。文学博士を授け、高等官一等に陞《のぼ》り従四位勲四等に叙し、瑞宝章を賜ふ。尋《つ》いで卒す。実に明治三十二年一月二十五日なり。享年六十有五。二十八日、勅使第《てい》に臨んで賻《ふ》を賜ふ。即日柩《ひつぎ》を護して郷に還《かへ》る。三十一日、六段田先塋《せんえい》の側《かたはら》に葬る。四方聞くもの歎惜《たんせき》せざるは莫し。

君小澤氏を娶りて子なし。元龜井直の子勤《いそし》を養つて嗣と為す。君、人と為り、温雅《をんが》厚重《こうぢゆう》、行儀端正《ぎやうぎたんせい》、言論苟《いやしく》もせず。識見高邁、学問淵博、著はす所、二百部五百余巻、皆明道経世《めいだうけいせい》の書なり。昔、義公深く皇室の式微《しきび》を慨し、国史を修め、礼典を緝《あつ》め、以て復興の志を寓《ぐう》し、一世を振起せんと欲す。烈公継述《けいじゆつ》、大義未だ達せずして薨《こう》ぜり。君深くその遺志を体し、旃《これ》に加ふるに、昭代《せうだい》の休明《きうめい》に遭逢し、乃ち大いに憤を発し、至道を弘めて、以て聖猷《せいいう》を賛《たす》けんことを庶幾《こひねが》ふ。

常に謂《いへ》らく、祖宗地を開きて民を育し、以て区夏を肇造し、極を立て訓を垂るること、固より万国と異なると。故にその国体を論ずれば、則ち必ず天祖の訓に原《もとづ》き、以て大順《だいじゆん》を建て、名を正し分を定むるに、最も僭越を戒《いまし》む。政事を論ずれば、則ち尊祖敬神を以て重しとなし、而して風俗に厚く民心を正しうす。道義を論ずれば、則ち忠孝を以て極と為し、佐《たすくる》に仁義《じんぎ》の教《をしへ》を以てす。然る後に智を開き物を明むるの学に及び、苟《いやしく》も長ずる所有れば、遠西異方の言と雖も、肯《あへ》て遐棄《かき》せず。

嘗て曰く、学問の要は建国の大体を知るにあり。苟もこれに通ぜざれば、則ち政治学術、皆その本を失ひ、博く内外に渉《わた》り、旁《あまね》く古今に通ずると雖も、皆我が用に為すに足らざるなりと。抑も神道《しんたう》即彝倫《いりん》、帝訓《ていくん》即人極《じんぎよく》にして二揆《き》有ること莫《な》し。故にその論述《ろんじゆつ》する所、必ず世道を益し、治術を裨《おぎな》ふのみ。治乱盛衰《ちらんせいすゐ》の故《こと》、制度典章《せいどてんしやう》の詳《ことごとく》を委曲《ゐきよく》弁明して、娓娓《びび》として数千言、粲《さん》として掌を示すが如きなり。又曰く、尚古《しやうこ》以来祀る所の神祇《じんぎ》、咸《みな》我が至尊《しそん》、及び有功《いうこう》の群臣《ぐんしん》、即ち亦臣民《しんみん》の祖先《そせん》なり。その徳誼《はか》る可からず、その恩報ひざる可からず。故に歴朝の秩祀《ちつし》、以て民情に達し、以て国基を固《かた》む。是れ我が祀典《してん》の重き所以にして、彼《か》の邪神姦鬼《じやしんかんき》、天を誣《しひ》し人を欺《あざむ》くの類に非るなり。

嘗て西教《せいけう》の国体を害するを歎いて曰く、神州忠孝を以て国を建つ、彼は則ちこれに反して、水火啻ならず、それ深患大禍《しんくわんたいくわ》と為る。豈に仏老の比ならんやと。深憂遠慮《しんいうゑんりよ》、率《おほむ》ね此《かく》の如し。要は皇訓《くわうくん》を奉じて教化を敦《あつ》くし、国体に原《もと》づきて治本を立つるに在るなり。その少壮郷閭《きやうりよ》に在る、国事難多し。君その間に処して、公正偏せず。君子小人を審かにして自ら分弁《ぶんべん》あり。これ一藩の事のみ。必ずしも論列せず。君卒する明年、嗣子勤余に墓上の文を為《つく》らんことを謁《こ》ふ。余の君に於ける、その交り尤も親し、義辞すべからず。乃ち議論行事の略を叙し、以てその万一を述ぶ。会々前《たまたまさき》の征夷大将軍徳川公、君の学業国家に益することを嘉《よみ》し、親ら継往開来《けいわうかいらい》の四字を書して之を賜ふ。勤等感泣の餘《あまり》、勒《ろく》して碑額と為し、又銘を繫げて曰く、神聖極を立て、品物咸亨《みなとほ》る、皇運彊《きは》まり无《な》く、時に止まり時に行く。義公熈を緝め、烈公精を継ぐ。神を敬ひ儒を崇め、倫を明かにし名を正す。往を継ぎ来を開くことに、君実に生を畢ふ。発揚振発して、八紘《はつくわう》を彌綸《びりん》せり。

(三) 摘註

神州…神国、わが国の異称。神が基を開き、神の守護するといふ国の意。
宝祚…天皇の位、皇位。
至隆…極めて盛んなこと。
宇内…天下、天地の間。
冠絶…最もすぐれ、すぐれて秀でる。
祖宗…先祖。
立極…道徳の大本、標準を立てる。
垂訓…教訓を後世に遺すこと。
古史…古い歴史、記・紀・旧事紀・古語拾遺の類。

古礼…古い儀式作法を規定した制度。

修史審礼…志類の編さんや神祇に関する古制度、神社の沿革等の調査研究。

畢生…一生涯、終生。

先…先祖。

神裔…神の子孫。

神氏…神々の子孫とする氏族。

中ごろ乱離に遭ひ…中世戦国時代に遭遇し…。

祖…祖父。

考…亡父。

妣…亡母。

第三子…恭徳《長男》、直《次男》亀井氏、寛《三男》、貞幹《四男》。

神器説…『年譜略』に、「偶《たまた》ま廸彝《てきい》篇を読て感ずる所あり、始て漢文神器説一篇を作る」と。

敏慧…さとくかしこいこと。

超倫…非凡なこと。

貫穿…博《ひろ》く学問に通ずる意。

神州典章之虧…わが国の制度文物の欠損した部分。

豊田天功…藤田幽谷の門人。天保十二（一八四一）年彰考館に入り、安政三年総裁に進む。元治元（一八六四）年没、年六十。

国造本紀考…文久元（一八六一）年十月、四巻成る。

黒川春村…江戸末期の国学者。江戸の人、号は浅草庵《せんさうあん》。慶応二（一八六五）年十二月二十六日没、年六十。

鈴木重胤…江戸末期の国学者。淡路の人。号は橿廼家《かしのや》、平田篤胤・大国隆正の門人。文久三（一八六三）年八月十五日没、年五十二。

神祇志…『大日本史』志類（十志）の一。『年譜略』明治十五（一八八二）年の条に、「初春より神祇志二三巻を編し、九月に至りて其稿を終る」と。その後、明治二十六年十一月に至つて、はじめて校刻、十二月八日朝廷にこれを進献した。全二三巻。

考究周悉…調査研究が周到に広く行きわたつてゐること。

神祇志料…明治四年六月、一七巻脱稿。本書脱稿までの十年間に「三度稿を易へたといふ。そして、「其意、大日本史の神祇志を作るの材料とするを以て、本とす…」内容は、第一巻　神代事実、第二巻→第四巻　神祇沿革神武天皇〜後小松天皇、第五巻　恒例臨時祭儀、第六巻→第一六巻　諸国の神社の祭神、所在、沿革等を中心に考証、第一七巻　宮殿之制、等々から成つてゐる。

葬礼私考…慶応二年九月二十六日、二巻脱稿。わが国の葬儀に関して、上神代よりの古実、礼儀、誄詞、祭典及び古代よりの陵墓制を考証した内容。

宮車晏駕…天子の崩御の義。

藩公…水戸徳川家第十一代当主、諱は昭武、号は鑾山、節公と諡す。明治四十三年七月三日薨、享年五十八。

封建郡県の利害を論ず…『年譜略』に、「明治二年三月、藩命を以て封建郡県の利害を論陳するの書を献せり」と。

二年八月　君書を藩公に上り云云…『水藩修史事略』明治二（一八六九）年八月

の条に、藤田提挙（健）に志表を上木して、大道を明にせんことを請ふ書、同じく九月四日の条に、修志の要を述べて藩庁に上呈した書が見へる。

国史紀伝既に成云云…『大日本史』本紀・列伝并せて二四三巻は嘉永四（一八五一）年校刻完成。

烈公…第九代水戸藩主、諱は斉昭、号は景山、烈公と諡す。万延元（一八六〇）年八月十五日薨、享年六十一。

天功…豊田天功、前出。

十志五表…神祇志（志類）　明治二十六（一八九三）年刻成る、凡一三巻。氏族志　明治十七年刻成る、凡一三巻。職官志　明治十五年刻成る、凡五巻。國郡志　明治四十年刊行、大正元年改刻、凡三三巻。食貨志　明治二十一年刻成る、凡一六巻。礼楽志　明治十八年刻成る、凡一六巻。兵志　明治六年刻成る、凡六巻。刑法志　明治三年刻成る、凡二巻。陰陽志　明治二十八年刻成る、凡六巻。仏事志　明治十五年刻成る、凡六巻。—臣連二造表（表）　凡二巻、公卿表　凡七巻、国郡司表　凡十二巻、蔵人検非違使表　凡四巻、将軍僚属表　凡三巻。

教部権大録を拝す云云…明治七年七月十日　特選神名牒編纂掛を命ぜられ、同年十月四日　教部権大録に任ぜられる。また、同八年十二月　特選神名牒一三巻脱稿。

修史館の掌記…群書を校録し、図書の管理並びに雑務を掌る判任官。

元老院…明治初年の立法府。明治八年設置、二十三年国会開設に先立ち廃止。

教学の大詔…明治二十三年十月三十日発布の『教育勅語』をさす。

勅語述義…『年譜略』明治二十三年十一月十六日の条に、「是より先き十月三十日を以て教育に関せる勅語の発布あり、先生深く感ずる所あり、直に筆を執て勅語述義一巻を著はし、大に聖旨の存する所を発揚するに務めたり」とあり、当書のほかに『勅語大意』『勅語講義』等の著述がある。

侍講…君側にあつて学問のことなどをご進講申しあげる人。

元田永孚…熊本県の人。明治天皇の侍講として教育勅語の草案に参与。宮中顧問官・枢密顧問官等を歴任。著書に『幼学綱要』『経莚進講録』等、(一八一八〜一八九一)。

教道の要…教育の根本。

神聖宝訓広義…『栗里先生著述目録』の解題に、「この書は、明治二十三年中、元田侍講の問に応じ、国家の大道を古今に徴して、詳細に論著せしなり」と記されてゐる。

啓沃に資す…心に思ふことを包まず、至上に申しあげること。

第…邸宅。当時、博士は牛込区矢来町三番地に住んでゐた。

六段田先塋…水戸市六反田　六地蔵寺境内。

国史を修め、礼典を緝め…『大日本史』『礼儀類典』などの編さんをいふ。

聖猷…天子のはかりごと。

区夏…天下。

天祖…天照大神。

仁義の教…儒教で最も重ずる徳目。

智を開き物を明むるの学…西洋の学問をさしてゐる。

遠西異方の言…欧米諸外国の言論。

郵便はがき

お手数ですが切手をおはり下さい

101-0054

東京都千代田区神田錦町
一―四―五

錦正社

愛読者カード係行

御名前	男・女 （　　歳）
御住所　（〒　　－　　）	
御職業	
お買上書店名　　都道府県　　市町	書店

愛読者カード・目録請求

ご購読ありがとうございます。関連書の刊行案内などをお送りいたしますので、御記入の上御投函下さい。

本書の書名

本書を何でお知りになりましたか。

①広告（新聞・雑誌　　　　　　）　②書評（新聞・雑誌　　　　　　）

③書店で見て　④知人の紹介　⑤図書目録　⑤ダイレクトメール

⑥ホームページ　⑦その他（　　　　　　　　）

（御購読新聞）　　　　　　　　（雑誌）

本書・小社に対する御意見・御感想

最新の図書目録を御希望の方にお送り致します。どちらかに○をして下さい。　希望・不要嘗て曰云云…博士の主著『天朝正学』（明治二十九年刊）に詳述されてゐる。

学問の要…学問の根本。

神道即彝倫…『天朝正学』に、神道の内容は人倫がすべてであると詳述してゐる。従つて、五倫以外に神道なく、神道以外に五倫はないといふ意。

帝訓即人極…開闢以来の天祖、皇孫の詔は人のみちの君臣の義、父子の至親、祖先の祭祀をしへてゐるので、天祖、皇孫のをしへ以外に、人の道はないといふ意。

二揆あることなし…その道は二つに岐れることはない、一つである。

娓々…詳しく述べること。

粲…鮮明に。

尚古…太古。

神祇…天つ神と国つ神と、神々。

至尊…天皇。

有功の群臣…国家・社会のため、大きな功労のあつた多くの人びと。

秩祀…禁中の年中行事や制度に定められた祭祀。

祀典…祭典、まつりの儀式。

邪神…荒ぶる神。

姦鬼…よこしまな神。

西教…外国の教へ、学問。『弘道館記』に、「神州の道を奉じ、西土の教へを資り」の言葉が見へる。藤田東湖の『弘道館記述義』中に、「西北洋夷ノ教、其ノ害又佛ニ浮《す》グ」と。

皇訓…皇祖皇宗のをしへ。

郷閭…郷里。

国事難多し…幕末の水戸藩には弘化元（一八四四）年の「甲辰国難」、安政大獄や桜田門外の変に関はる事件、元治元（一八六四）年の「筑波義擧」、その他多くの事件が起つてゐるので、それらを指してゐる。

分弁…けじめ。

論列せず…是非をならべて論じない。

君卒する明年…明治三三（一九〇〇）年。博士は明治三二年一月二五日没、享年六五。

議論行事の略…学問思想、事歴等の概略。

前征夷大将軍徳川公…徳川慶喜公をさす。

神聖極を立てて…『弘道館記』中に、「上古神聖立極垂統」とあり、古代の神々が悠久の道を立て給ひ、後世の天皇にこれを伝へ給うたといふ意。

品物咸亨る…易経に「元亨」と、万物皆その所を得て、それぞれの希望が叶へられるといふ意。

時止時行…易経に、「時止則止、時行則行、動静不失其時、其道光明」とある。

緝煕…人格の光りがながく続くこと。

継精…精神を受け継ぐこと。

敬神崇儒…『弘道館記』中に見ゆ。

明倫正名…五倫の道を明らかにして、君臣、上下、内外等の名分をしっかり立てること。

八紘……天下。
彌綸……闕を補ひ、天下をよく整へること。

四　栗田寛博士略年譜

元号	西暦	年令	事項（附備考）	著作・論文
天保六	一八三五		水戸下町本六町目に、雅文第三子として生れ、八十吉と称す。	
一〇	一八三九	五	この頃より、絵草子に興味をもつやうになつたといふ。	
一一	一八四〇	六	上大人丘の帖について手習を始める。	
一二	一八四一	七	北河原守景を師として読書・習字を学ぶ。〔天保の改革～一八四三〕	
一三	一八四二	八	この頃、父より紀・記の神話を聞き、古典に関心をもち始める。	
弘化元	一八四四	一〇	始めて古字集一巻を作り、これを著書の始	古字集一巻

			めとする。〔甲辰の難〕	
二	一八四五	一一	始めて仲兄に作詩の法を受け、又仁上純について読書・習字を学ぶ。	
三	一八四六	一二	石河明善について学ぶ。	
四	一八四七	一三	伯兄・仲兄共に江戸に遊ぶ時、その家苞として、古事記一部を得る。この頃より、紀記を読む。また、和歌を始めて作る。偶ま、廸彝篇を読んで、始めて漢文神器説一篇を作る。	漢文神器説一篇
嘉永元	一八四八	一四	海防在一民心と題して漢文一篇を作る。ある人、これを烈公に呈す。	海防在一民心一篇
二	一八四九	一五	始めて藤田東湖に謁して、論語為政以徳の章を講ず。友人神永甚之允等と射術を習ふ。是歳、五月二五日楠公忌辰、諸友と詩を賦	

			し、南木歌を作る。偶々会沢正志の嘱目するところとなる。	
三	一八五〇	一六	会沢正志について、論語・書經の講義を聴く。策論五篇を著はし、正を豊田松岡に乞ふ。又、國友善庵に従ひて講義を聴き茅根寒緑・原仲寧諸氏に往来す。菅政友に始めて会ふ。この頃、専ら春秋の経義の研究を志し、又詩は陸放翁、文は韓退之を好み、劔南詩集・昌黎文集等、皆自ら謄写して批点を施すといふ。	策論五篇
四	一八五一	一七	渡辺清左衛門を師として撃劔を学ぶ。豊田松岡に始めて謁す。この頃より、大いに古典を講究して国史の闕逸を補ふ志を固める。日夕諸友を会し、講読止むことなきといふ。〔是歳、吉田松陰水戸に遊学、正志、天功	攘夷志料一〇冊

			を訪ねる〕	
五	一八五二	一八	正月元旦元服して利三郎と称す。この日、豊田松岡を訪ひ、古典について教を受く。夏六月一四日、友人と鹿島に遊び、一五日神社を拝し延方校に至り、一六日香取神宮を参拝する。 〔嘉永六（一八五三）、ペリー来航〕	姓氏辨四篇
安政二	一八五五	二二	〔是歳、藤田東湖没す〕	・正月五日國造本紀標注成る。 ・一一月一〇日天孫本紀標注成る。
五	一八五八	二四	六月二四日、藩庁より召され、御用部屋小僧とし、彰考館に奉仕する。始めて、彰考館に出仕した日、豊田総裁より、志表編纂に関する顛末を委曲に説示されたといふ。	

			〔安政四（一八五七）、弘道館本開館〕	
六	一八五九	二五	この頃より、神祇志編纂を志す。	渉史漫録一二巻
文久元	一八六一	二七	〔万延元（一八六〇）、桜田門外の変。烈公薨去。〕	一〇月、國造本紀考四巻成る、この後國造族類考二巻、漢文國造世表國造建置説等成る。
二	一八六二	二八	六月二三日、父雅文、病没。閏八月、留付格に昇進。この年、自らの手で大日本史百巻の謄写を完了する。	正月元旦、國造本紀考別記一巻、三月、波夫理和射考二巻成る。
三	一八六三	二九		この夏、標註播磨風土記、尾張氏纂記各

			〔会澤安没す〕	一巻成る。
元治元	一八六四	三〇	〔藤田小四郎等筑波山に挙兵、豊田天功没〕	正月二五日、物部氏纂記三巻、考古餘録二巻成る。
慶応元	一八六五	三一		二月二八日、神器考証一巻脱稿。
二	一八六六	三二	一二月、先帝の崩御を聞き、葬礼私考を浄写して、朝廷に奉呈するため、之を幕人に托す。	九月二六日葬礼私考二巻脱稿。
三	一八六七	三三	一二月一〇日、小沢氏を娶る。同月二五日、彰考館物書役となり、俸給を加増される。〔徳川慶喜、大政奉還〕	三韓年表一巻

明治元	一八六八	三四	この頃までに、謄写した古今の典籍、殆ど七百余巻に及ぶといふ。	
二	一八六九	三五	二月、家を別て六町目南側に住む。三月、藩命により、封建郡県の利害を論陳する書を献ずる。八月、書を藤田提挙に贈つて、志表上木の議を詳論する。九月四日、書を藩庁に呈して修志の要を述べる。九月五日、水戸家の家扶となり、修史のことを掌る。志類に戸姓を記載すべきの議を呈す。一〇月、書を藩庁に呈し、史館に総監の職を置き、館僚の勤惰、黜陟褒貶を明かにすることを請ふ。刑法志の補訂に着手する。〔義烈二公贈位〕	
三	一八七〇	三六	四月、下町白銀町に転居。一二月二八日、東照宮の奉祠職を改め、また班幣所設置の議を呈す。同月、義公尊像	一〇月、水戸藩神社録二巻同後附三巻脱稿。

			を彰考館に奉じ、舜水の像と共に配祀する。	
四	一八七一	三七	二月、刑法志二巻、兵志三巻校訂、上木する。七月、廃藩置県、この時水戸県庁より弘道館訓導に補される。八月、廃藩後の事宜を論陳する書を呈して、潜龍閣蔵本を館庫に保管することを請ふ。彰考館蔵書を好文亭に移し、永久保存の道を立てることを請ふ。九月二五日、彰考館編修専任の命を蒙る。一一月、千波村西小路に家地を賜はる。〔廃藩置県、青山延光没〕	六月、神祇志料一七巻脱稿、伊勢太神宮神領考成る。一〇月二三日、学規稿成る。一一月、戸籍考一巻・吉田神社事蹟考一巻成る。
五	一八七二	三八	一〇月一五日、茨城県一五等出仕学制掛拝命、しかし旬日にしてこれを辞した。義烈二公のために神社建設を申請する。故豊田総裁の功労を陳べて、その墓碑の題字の下賜を旧君に乞ふ。〔是歳、弘道館閉鎖。〕	高山・蒲生事蹟考一巻成る。

六	
一八七三	
三九	
六月、常磐神社建設。七月、朝命を蒙り、上京。八月五日、平野神社少宮司兼大講義に補せられ、同一五日大教院編輯課専務を命ぜられる。この時、芝山内山下谷林松院に僑居す。一〇月、神祭に立拝廃止の議を教部省に上書。一一月、都々古別神社所在の誤を正さんことを請ふ。一二月、教部省九等出仕考証掛拝命。此月、塩竈神社の国幣社列格を申請。兵志六巻進献。	五月二〇日、左院に神祇官興復を建白する。 七月一〇日、特選神名牒編纂掛を拝命。 一〇月四日、教部権大録に任ぜられる。 是歳、赤坂表町玉窓寺に転居する。旧藩主に書を呈して、大日本史に訓点を施し、縮刷公刊のことを請ふ。
一一月、葬祭式及考証二巻	一月一三日、日吉神社考証 同月一九日、氷川神社考証 三月二五日、都農神社考証 一二月一三日、石上

七	一八七四	四〇	神社考証、官国幣社祭神考証、忌部神社所在考証、宇都宮神社の争を判するの案、静岡県駿河国庵原郡西方村豊気神社を式内豊積神社と云ふは非なるの考証等成る。
八	一八七五	四一	一月、長慶院天皇考証一巻（島津左大臣の依托による）四月二日、熊野坐神社並相殿祭神考証、五月八日、大物忌神社考証、三島神社祭神考証、伊豫神社考

	九	
	一八七六	
	四二	
〔四月四日、車駕小梅邸に臨幸、義烈二公の功業を叡賞あらせらる〕	三月一五日、僑居を麻布北日ヶ窪町に移す。	一月一一日教部省廃止により解官、二月一日太政官修史館四等掌記に任じ、二月二二
証、六月二九日、日前国縣神社禰宜神官考案、七月二一日、祭礼私考一巻、一二月特選神名牒一三巻脱稿。	七月、葬礼私考上木。是歳、出羽国湯殿山神社考証、大麻比古神社考証、神社御靈代議案、攝社末社考説、豊受太神宮相殿神考証、同附考、米餅搗及鏨着等訓義考等成る。	享禄本類聚三代格の

一〇	一八七七	四三	日三等掌記に任ぜられる。この時、加賀前田家蔵の享禄本三代格を発見する。是歳、赤坂表三丁目に転居する。	校訂成る。
一一	一八七八	四四	九月二六日、伯兄恭徳の病死により、職を辞して家に帰る。一〇月一八日、母逝去。一〇月一七日、長谷川家令に書を贈て、再び修志に従事したい意を述べる。	四月、風土記逸文考証起稿。
一二	一八七九	四五	一月、旧藩主徳川侯より、志表完成の命を受け、六月五日を以て彰考館再開、志類の校訂上木に着手する。一〇月、仲兄直の三男、勤を嗣子と定める。是歳、上市大坂町に居宅を求める。	一月三日古史二巻脱稿、一〇月、国造表一巻、学之言草五巻成る、祝詞集釈起稿。
一三	一八八〇	四六	一月一五日、大坂町の家に移り、家塾輔仁学舎を開き、修志の余暇に子弟を教育する。是歳、氏族志の校補終わり、食貨志を補修	

			する。	
一四	一八八一	四七	四月八日、文科大学法学部・文学部講師の依嘱があつたが、修志中であるので、これを辞退する。 七月一四日、書を長谷川家令に贈つて、史館費額の増加を請ふ。 是歳、礼楽志補修、職官志上木、礼楽志中の山陵の部起稿する。	一〇月、俚歌童謡考成る、是歳、水藩大事記起稿。
一五	一八八二	四八	初春より神祇志二三巻を編し九月に至つて脱稿。五月仏事志六巻上木、一〇月職官志五巻成り、一二月進献。	九月ごろ、八幡神考一巻成る。
一六	一八八三	四九	四月二五日国郡志の材料蒐集のため上京、五月初旬帰郷。 〔常磐神社別格官幣社に昇格〕 六月二七日、氏族志一三巻進献。	八月下旬、和名鈔郡郷考証起稿。 四月、一代一度奉幣

一七	一八八四	五〇	九月一二日、元老院准奏任官御用掛調査課勤務を命ぜられる。神田猿楽町五番地に僑居する。	社附駅路鈴考、楽器考成る。八月、逸年号考一巻成る。一一月、版本は国の宝一巻成る。
一八	一八八五	五一	八月、礼楽志一六巻刻成り、九月七日進献。一〇月、神田駿河台袋町一五番地へ転居。	二月五日、風土記逸文考証八巻脱稿。九月国造本記考六巻刊刻成る。上古職官考三巻成る。尋いて中古職官考起稿。
一九	一八八六	五二	一月二二日、官制改正により、元老院御用掛を免ぜられ、さらに雇を命ぜられる。四月二三日、元老院第三課附属を命ぜられる。七月、暑休のため、帰郷中、北河原守景写	一月、中古職官考脱稿、貞観儀式考成る。七月のころ、闘鶏国造罪を獲しことの考、長慶帝議原由記、上

			すところの烈公肖像数枚を入手する。	古兵制考、軍団の制附健児の制考証、片岡經春考等成る。
二〇	一八八七	五三	是歳、水戸上市大坂町の自宅に書樓を新築。この歳に至つて、和名鈔郡郷考証の稿、大いに進展する。	二月二八日、荘園考三巻脱稿。この頃、伊勢二所太神宮役夫工米及大嘗会米の考案成る。八月常磐物語一巻脱稿、常陸吉田神社事蹟考上木。一二月、鎌倉職官考六巻、石上宅嗣補伝等成る。
			七月、食貨志一六巻刊刻、九月これを朝廷に進献する。	三月、藤原保則伝の逸文を発見、公表する。

二一	一八八八	五四		七月、荘園考活刷成る、国県里村の制一篇成る。一二月、守護地頭考三巻成稿、華族譜稿叙論成る。この頃、永録元亀天正年間常陸穀価略表成る。
二二	一八八九	五五	三月一四日水戸に於いて藤田東湖の贈位祭あり、その祭文を作る。同月一六日、烈公肖像の大額を常磐神社に奉納する。四月一八日、官を罷めて帰郷、彰考館の勤務に復し、国郡志の編修に従事する。	一月六日畿内沿革考成る。同月二五日御色御領沿革考一冊成る。二月二五日古人名称考成る。三月二八日、室町職官考成る。四月、天原黄泉の説、制度の学を興

			〔憲法発布〕	すべき論を著わす。五月、兄弟姉妹人名考、雄伴郡補考等成る。
二三	一八九〇	五六	二月五日、侍講元田永孚の要請により、神聖宝訓広義一巻を著はし、これを侍講に呈す。一〇月二三日、明治天皇・皇后の水戸行幸啓に際し、藤田幽谷・会沢正志の贈位を請願する。同月二七日両陛下に神祇志料二部を進献する。〔教育勅語発布〕	是歳、勅語述義一巻成る。
二四	一八九一	五七	是歳、家蔵の図書を保存するため、土藏一棟建築する。	一〇月、新編常陸国誌（一四〇余巻）増補版成る。
			一〇月、国郡志脱稿。同月二八日、文科大	一月、勅語述義一巻印刷成る。三月、小

二五	一八九二	五八	学教授に任ぜらる。一一月一五日、上京、小石川区表町五四番地に僑居する。二〇日、高等官四等、一二月一二日正六位に叙せられる。 〔津田信存没〕	松内大臣平重盛墓所考成る。四月、丹生神社告門考証成る。八月、大介考補遺成る。一〇月、勅語講義印刷成る。
二六	一八九三	五九	四月一八日、大臣官房図書課兼務を命ぜられる。九月一一日、東京大学の国語学・国文学・国史第一講座担当を命ぜられる。一一月、神祇志二二巻上木竣功、翌月八日進献。一二月、外国伝の名称、順序及序文等改訂の議を旧藩主に呈す。	四月、越智氏考証一巻成る。六月、備前国高蔵神社新嘗祭遺風附信濃善光寺年神堂考一巻成る。
二七	一八九四	六〇	一月、小石川区同心町一六番地に寓居を移す。國學院の嘱托により、毎月数次国史の講義を行なふ。二月、外国伝改称のことに付、上表文を起草する。	八月二四日、新撰姓氏録考証二一巻脱稿。五月、郷名同唱考成る。一〇月、神の使

			〔日清戦争始まる～一八九五、青山延寿没〕	者と云ふ事の考成る。
二八	一八九五	六一	三月、文明夫人の碑文を草す。六月一三日、陰陽志六巻上木、進献。	一月、祭礼私考一巻活刷成る。九月、光仁紀童謡僻案成る。一一月、臼杵緒方二氏の考証、媼獄明神の辨成る。一二月、祇園精舎の図を観て所感を述ぶの一篇及答問五則成る。
二九	一八九五	六二	一月肺炎症に罹り、三十余日にて全快。同月三一日、高等官三等に叙せられる。七月二八日、暑休を得て帰郷、八月二日より一二日迄、大洗、小梅侯別荘に寓す。一九日より松島に遊び、帰途日光に詣り、二八日	四月、稜威男健一名古語拾遺講義四巻脱稿、本朝通鑑辨を読むの一篇成る。八月、音楽余響五巻脱稿。

			帰京する。一一月二三日、牛込区矢来町三番地山里に転居する。九月、外国伝を諸蕃伝と改め、旧版を改刻する。〔小宮山綏介没、清水正健史館を辞す〕	一一月、姓氏分類考起稿、一二月、天朝正学一巻活刷成る。
三〇	一八九七	六三	一月皇太后崩御、私かに感ずるところあり、葬儀故実第一巻を著はす。六月、弘道館内の孔子廟の修繕を水戸の有志に訴へ、事遂に成る。七月一日村岡良弼を定公に推薦し、国郡志の校訂潤飾を依嘱すといふ。八月二八日、高等官二等に叙せられ、一〇月三〇日正五位に昇進。一〇月、志表総序の稿を草す。〔菅政友没〕	一月、葬儀故実一巻成る。二月、氏族考二巻活刷成る。三月、迦多理許登八巻（未完）成る。七月、常磐物語一巻活刷成る。一二月、諡号尊号考一巻脱稿。
			三月一一日、公卿表七巻上木、進献。七月一一日、神器考証を天皇・皇后両陛下に進献。同月一二日、旧藩主定公薨去につき、	二月、高良玉垂神社考証一巻成る。四月、住吉神社神代記考証

三二	一八九八	六四	墓誌、誄詞、諡号等を撰んで世子に呈す。七月三一日、暑休を得て帰県。八月、纂訂古風土記逸文二巻進献。同月六日、那珂郡平磯町鎮守の大旗一対を揮毫する。同月一一日、水戸を発し、勿来関、平潟等の勝を探り、帰途泉ヶ森、石名坂、太田町等を経て、翌日帰宅。同月一八日より一〇数日間、平磯の黒沢氏別荘にて静養する。九月五日、帰宅。同月七日、食欲減じ、腹内の不安を感じて、数日医薬を服用する。一七日上京、なほ長谷川医師の治療を受ける。一一月六日より右背部、腰部、右腹側部に掣痛起る。一二月七日、佐々木政吉、青山胤通及びベルツ等の諸博士の診察の結果、胃癌症と診断される。	一巻成る。七月一七日、国造族類考二冊脱稿。八月、纂訂古風土記逸文上木。同月銷夏漫録三巻成る。一〇月、租税略一巻成る。調庸略起稿二巻成る（未完）。
			一月一日、この日より、修史に関する事歴	一月、修史物語成る。

三二	一八九九	六五	の顛末を勤に筆記せしむ。（爾後二〇日にして成る、修史物語と云ふ。）二四日、文学博士の学位を受く。二五日（午前三時四〇分）卒去。二六日、高等官一等に昇叙、本捧一級俸下賜、従四位勲四等に叙せられ、瑞宝章を授けられる。二八日、勤等柩を奉じて水戸に帰り、三一日午後二時、六反田の先塋六地蔵寺の域内（本堂の東、地蔵堂の北）に葬る。（享年六五）
三六	一九〇三		一月二五日、「継往開来」の碑建立。
平成一〇	一九九九		栗田寛博士歿後百年に際し、水戸・六反田、六地蔵寺において、百回忌法要行はる。（七月二〇日）

あとがき

本書は、内藤耻叟翁撰文の『継往開来』の碑文を中心に、栗田寛博士の生涯について述べた。つまり、博士の生涯とその業績はすべて、この碑文のなかに濃縮されてゐるからである。しかし、栗田博士について、一層詳しく知りたい方は、拙著『栗田寛の研究』（錦正社・昭・四九・六・刊）並びに『水戸の学風――特に栗田寛博士を中心に――』（錦正社・平・一〇・七・刊）を併読頂ければ幸ひである。そして、栗田博士の学問をとほして、水戸史学への理解を一層深めて頂きたいといふ願ひが切である。

なほ、水戸史学会々長名越時正先生には、日頃並々ならぬご指導を賜はつてゐる。栗田博士の顕彰、博士に関する調査研究では、六地蔵寺住職栗原邦俊氏並びに常磐神社宮司武浪嗣一氏に懇切なご協力を頂いてゐる。また、本書刊行に際しても、錦正社々長中藤政文氏並びに水戸史学会関係の方々に、大変お世話になり、心から謝意を表したい。そして、栗田博士の生涯に関する英文作成には、風呂鞏氏から格別のご助言を頂いたことを記し、深甚の謝意を申しあげたい。

照沼好文

平成十三年十二月二十三日

songs and ballads) and studies of Shinsen Shojiroku 新撰姓氏録, and therefore these studies are still a great boon to us at present.

What he showed himself in at his best is the compilation of the Shi-rui, including Dainihon-shi, and he gave his whole life to them. Finally, Kurita's name will live in our memory forever, because the last historiographer who achieved these great scholarly projects was no less a person than Dr. Kurita.

the Muromach period. During his term of office, he compiled some works on this subject: Jōko-Shokkan-kō 上古職官考 (3volumes, in 1885), Chūko-Shokkan-kō 中古職官考 (7vols., in 1886) Kamakura-Shokkan-kō 鎌倉職官考 (6vols., in 1887) and Muromachi Shokkan-kō 室町職官考 (7vols., in 1889).

In 1889 he returned to Mito, and especially devoted himself to the compilation of the Kokugun-shi 国郡志. However, in 1892 he was again invited to Tokyō University to give a series of lectures on the history of Japan. He engaged himself in supplementing the Kokugun-shi, while teaching at the university.At that time, he also elaborated on his main works of Kogo-shūi-kōgi 古語拾遺講義 (4vols, in 1896) and Tenchō sei-gaku 天朝正学 (1 vol., in 1896); In particular, his mettle and his consancy as a Mito scholar, is sufficiently covered in these works.

Moreover, in his life he produced so much achievement among a wide area of study on the Japanese classics and the history of Japan, such as collections and studies of Fudoki 風土記 and koyō 古謡 (Early Japanese

cabinet in 1877, because the Ministry of Religion was abolished. During these days, he was devoted to the historical investigation of Shinto shrines, and then he completed the compilation of Jingi-shiryo 神祇志料 (in 1871) and Tokusen Jinmyō-chō 特選神名牒 (in 1874), Both are the works of historical investigations on the celebrated Shinto shrines that listed in Jinmyō-chō 神名牒 included in the Engishiki 延喜式 (in 927).

Since the year of 1879, he directed his efforts to the compilation and the completion of Shi-rui 志類 of Dainihonshi. As a result, he newly accomplished the compilation of Jingi-shi 神祇志 (in 1882) and Kokugun-shi 国郡志 (in 1892) and then made addition and revision to each draft of Shizoku-shi 氏族志,Shokkan-shi 職官志, Shokka-shi 食貨志,Reigaku-shi 礼楽志,Hei-shi 兵志, Keihō-shi 刑法志 ,Inyō-shi 陰陽志 and Butsuji-shi 仏事志.

By the way, in 1884 he worked for the Genrō-in 元老院 (Chamber of Elders, or Senate) as an archivist that edited the historical invistigation on the government organization and the official post, from ancient times to from his tender years, and so began to study under the guidance of lshikawa Meizen. In 1858 he entered the Shōkōkan, an institution for the compilation of Dainihon-shi, founded in 1657 by Tokugawa Mitsukuni (1627-1700), through the recommendation of Toyota Tenkō (1805-1864), master of Shōkōkan. Tenkō was a prominet Mito scholar in the late Mito school as well as Aizawa Seishi (1782-1863) and Fujita Tōko (1806-1854), who were outstanding figures in Mito circles, and then he expected much from Kurita as a successor of the scholarly projects in the Mito clan. Since then, Kurita reached a decision especially to compile the Shirui 志類 (a series of historical records an various cultural phenomena) and the Hyō 表 (Tables on political structure) in Dainihon-shi, although he lived in the most difficult days of the last Tokugawa period.

After the Meiji Restoration, the Shōkōkan was temporarily closed because of the abolition of the Mito clan, so Kurita entered into the service of the Ministry of Religion 教部省 in 1873. But he again transferred to the lnstitute for the compilation of History 修史館 in the

At the precincts of Rokujizo-ji 六地蔵寺 (in Mito, Ibaraki Prefecture), known as an old shingon-Buddhist temple, a monument has been erected in honor of Dr. kurita, who rendered great services to the compilation of Dainihon-shi (History of Great Japan).

He died at the age of sixty-five in 1899, and is buried at the precincts of Rokujizo-ji. In 1903 after his death, an epitaph to the memory of his achievements was founded by his adopted son Kurita Isoshi.

The inscription on the surface of a large stone was drafted in 1900 by Prof. Naito Chisō (1827-1902), and the epigraph on the front of its stone is engraved with the words of keiō kairai 継往開来, written by Tokugawa Yoshinobu 徳川慶喜 (1837-1913), the last Tokugawa shogunate. (Kei-ō means "to inherit the old tradition" and Kai-rai, "to creat the new history".)

Dr. Kurita was the greatest historian during the Meiji period that Mito had ever produced. In particular, he had been interested in the ancient history of Japan

A BIOGRAPHICAL SKETCH OF DR. KURITA HIROSHI (1835-1899), THE LEADING HISTORIAN OF THE MITO SCHOOL IN THE MEIJI PERIOD.

BY

TERUNUMA YOSHIBUMI

著者略歴

照《てる》 沼《ぬま》 好《よし》 文《ぶみ》

昭和３年茨城県に生まれる。
元・水府明徳会彰考館副館長
現・水戸史学会理事

（主要著書）
『釈万葉集と徳川光圀の思想』（昭和31年12月）
『招魂社成立史の研究』共著（錦正社・昭和44年７月31日）
『栗田寛の研究』（錦正社・昭和49年11月25日）
『水戸史學の傳統』共著（錦正社・昭和58年６月30日）
藤田東湖・『常陸帯』校註（玉川版日本教育宝典『東湖・闇斎集』所収）
吉田茂記念事業財団編『人間吉田茂』共同執筆（中央公論社・平成３年８月25日）
『常磐神社史』編集執筆（常磐神社・平成４年10月30日）
『水戸の學風—特に栗田寛博士を中心として—』（錦正社・平成10年７月20日）
昭和62年３月；昭和61年度「吉田茂賞」受賞
現住所　〒739-2125 東広島市高屋町中島1072-65

〈水戸の碑文シリーズ１〉

栗田寛博士《くりたひろしはかせ》と『継往開来《けいおうかいらい》』の碑文《ひぶん》

平成十四年三月十六日　印刷
平成十四年三月二十四日　発行

著者 © 照沼好文
装幀者 吉野史門

茨城県水戸市新荘一の二の三〇（名越方）
発行所 水戸史学会
電話 〇二九（二二七）〇九三四
振替 〇〇三九〇-三-八四〇三

東京都千代田区神田錦町一の四の五
発売所 錦正社
電話 〇三（三二九一）七〇一〇
FAX 〇三（三二九一）〇一七〇
印刷 株式会社文昇堂
製本 小野寺三幸製本

ISBN4-7646-0258-X

〈水戸史学選書〉

水戸史學の傳統	小林健三・照沼好文	〈現在品切〉
水戸史學先賢傳	名越時正監修	二九〇〇円
水戸光圀とその餘光	名越時正	三三〇〇円
新版 水戸光圀	名越時正	二八一六円
水戸史學の現代的意義	荒川久壽男	二九〇〇円
新版 佐々介三郎宗淳	但野正弘	三〇一〇円
水戸彰考館—その学問と成果—	福田耕二郎	二〇〇〇円
他藩士の見た水戸	久野勝弥編	二七〇〇円
水戸學の達成と展開	名越時正	三一〇七円
水戸の國學—吉田活堂を中心として—	梶山孝夫編	三四〇〇円
水戸光圀と京都	安見隆雄	三九〇〇円
水戸の學風—特に栗田寛博士を中心として—	照沼好文	三二〇〇円
新版 佐久良東雄歌集	梶山孝夫編	一九四二円

〈発行　水戸史学会・発売　錦正社〉

※価格は本体価格（税別）